제목 없는 성교육

여러분과 함께 상상하고 싶은 성

상상 안내자, 잉코

성(性, Sexuality)을 잘 알면
재미있고 자유로워집니다.
어린이·청소년이 나 자신을 좀 더 잘 알고,
다른 사람과 서로 존중하면서 관계를 맺고,
즐거운 성문화를 만들었으면 합니다.

이미 어린이·청소년 시절을 지나온
나의 가족과 친구들도
더 즐겁고 자유로워지길 바라며,
우리 모두 각자 원하는 대로 잘 살길 바랍니다.

첫 번째 상상,
몸

이 세상에 나와 똑같이 생긴 사람이 있을까요? 머리부터 발끝까지 나처럼 생긴 사람은 나 자신 딱 한 명밖에 없습니다. 나랑 엄청 닮은 사람이 있다거나 비슷하게 생긴 사람이 있다거나 쌍둥이도 있다고요? 하지만 그 사람들도 머리카락의 개수, 주름살의 위치, 점의 위치까지 완벽하게 똑같지는 않습니다.

　즉, 우리가 살아가는 이 세상에는 사람의 수만큼이나 서로 다른 몸이 존재합니다. 이 책에서도 다양한 몸을 잘 알아가기 위해 그림을 준비했어요. 당연한 이야기지만 이 그림들도 아주 작은 일부일 뿐이에요.

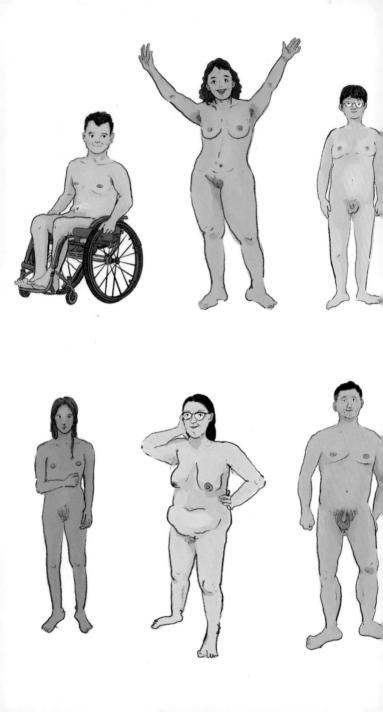

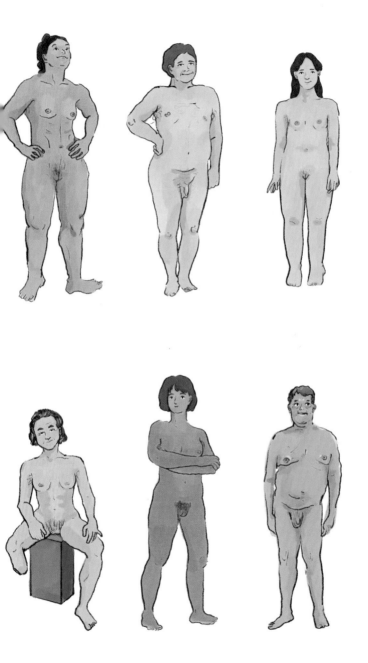

옷을 입지 않은 몸 그림을 같이 보며 이야기를 나누어 보자고 하면 어떤 사람들은 눈을 가리거나 소리를 지르고, 이상하고 야한 그림을 보여주지 말라고 해요.

앗, 여러분! 몸은 정말 이상하고 야한 것일까요? 혹시 자신의 몸을 씻을 때 '아, 내 몸은 야하고 부끄러우니까 만지면서 씻을 수 없어.', '거울을 보면 안 돼. 몸은 이상하니까.'라는 생각을 하는 사람이 있을까요? 수영장 탈의실이나 공중목욕탕에서 다른 사람의 몸을 보고 '몸은 야하고 부끄러운 거야.'라고 생각하면서 소리를 지르거나 눈을 가리는 사람이 있을까요?

우리의 몸은 전혀 부끄럽고, 이상하고, 야한 것이 아닙니다.

몸은 그냥 몸일 뿐이에요.

성을 알아가는 것은 몸을 있는 그대로의 몸으로 알아가는 것부터 시작합니다. 이 시간이 아니라면 언제 나의 몸을, 또 다른 사람들의 다양한 몸을 탐구해 보겠어요. 처음에는 낯설게 느껴질 수 있겠지만 금방 익숙해질 거예요.

몸의 변화를 '사춘기, 2차 성징이 시작되면 남자는 어깨가 넓어지고 근육이 발달한다. 여자는 가슴이 커지고 골반이 발달한다.'라는 식으로 남자의 발달과 여자의 발달을 구분지어 나눠서 알고 있는 사람들도 있어요.

남자어린이가 같은 반 여자어린이보다 키나 덩치가 크지 않다고 속상해하는 경우를 자주 보게 됩니다. 남자청소년 사이에서는 "얘는 여자보다 가슴이 커요."라며 친구를 놀리는 상황도 있습니다. 여자청소년이 굵고 낮은 목소리를 가졌을 때 "남자 목소리네." 하는 말을 듣기도 합니다. 여자청소년들과 대화를 해보면 가슴이 커지지 않는다 고민하거나 털이 많다 걱정하는 경우도 많았어요.

몸의 차이를 이야기할 때 '그래도 남자와 여자는 생물학적으로 다르다.'는 말을 듣곤 해요. 그런데 우리가 살아갈 때 이 생물학적 근거는 딱히 남자, 여자, 모두에게 큰 도움이 되지는 않아요.

예를 들어 '생물학적으로 남자가 여자보다 힘이 세다.'고 말을 하는데요. 대부분의 남자가 대부분의 여자보다 힘이 셀 수 있죠. 하지만 대부분이라는 것이 모든 사람을 포함하지는 않아요. 이 넓은 세상에는 힘이 세지 않은 남자도 존재하고, 힘이 센 여자도 존재하죠.

다양한 사람들의 차이를 고려하지 않은 채 남자어린이에게만 무거운 물건을 들고 오라고 해요. 운동선수를 꿈꾸던 힘센 여자어린이에게 남자 같다며 놀리기도 해요. 성별에 따라 역할이 생기고, 한계가 생기고 말았네요. 혼자서 들기 어려운 무거운 물건은 두 사람이 함께 들면 돼요. 두 명이 어렵다면 세 명이 들 수 있어요. 꿈이나 직업, 역할을 결정할 때에는 성별로 인한 한계를 두지 않는 편이 모두에게 좋지 않을까요? 그런 것들은 잘하는 사람이 할 수도 있고, 좋아하는 사람이 할 수도 있고, 살다 보니 어쩌다 할 수도 있는 거니까요.

'평균적으로', '일반적으로', '정상'이라는 말을 몸의 생김새, 성장과 변화에 같이 쓰게 되면 마치 '몸에도 정답이나 기준이 있다.'고 오해할 수 있어요. 이 오해는 곧 '내 몸은 왜 이렇지?', '나는 남자인데 이래도 되나?', '나는 여자인데 이래도 되나?', '나는 비정상일까?' 하는 고민을 만들어 내기도 하죠.

사실 실제로도 남자라고 어깨가 넓어지고 근육이 발달하지도 않고, 여자라고 가슴이 커지고 골반이 발달하지도 않아요. 오히려 같은 남자, 같은 여자끼리도 변화하고 성장하는 속도, 모양이 모두 다르죠. 사춘기, 2차 성징이 나타나는 시기나 모습에도 모두 정답이 없어요.

몸의 여러 부분에서 변화나 성장이 한꺼번에 일어나면 아픔이 찾아오기도 해요. 어떤 사람은 키가 갑자기 크는 바람에 무릎이나 허리가 아프기도 하고, 또 어떤 사람은 가슴에서 통증을 느끼기도 하죠. 갑자기 목소리가 변하거나 그동안 경험하지 않았던 일들이 일어나서 당황스러울 수도 있죠. 이마저도 사람마다 다르게 경험하게 될 거예요. 나의 경험과 다른 사람들의 경험이 다를 수도 있기 때문에 우리는 그걸 인정하고, 함부로 평가하거나 판단하지 않아야 해요.

나의 몸이 왜 남들처럼 생기지 않았는지, 나의 변화 시기가 괜찮은지 고민하지 않았으면 해요. 또 서로의 몸을 두고 비교하면서 스트레스받는 일이 없었으면 해요. 몸은 원래 다 다른 거니까요.

한편 우리는 몸이 할 수 있는 일이나 기능에 초점을 맞춰 남들과 비교하기도 해요. 눈의 기능이 좋지 않은 사람이 있어요. 안경이나 렌즈를 사용하지 않으면 앞이 잘 보이지 않아요. 하지만 우리 사회에서는 눈의 기능이 다른 사람보다 좋지 않아서 안경을 쓰는 사람을 장애가 있다고 말하지 않지요.

왜 그럴까요?

안경이나 렌즈는 누구나 비교적 손쉽게 사용할 수 있기 때문이겠죠. 만약 전동휠체어, 이동식전동리프트, 의자보조기, 의수, 의족 등과 같은 다른 장애 보조기구가 안경이나 렌즈만큼 저렴해지거나 누구나 쉽게 사용할 수 있는 사회라면, 몸의 기능을 바라보는 우리의 시선이 조금은 달라지지 않을까요?

몸이 할 수 있는 일, 기능에 집중하다 보면 결국 기능이 좋아야만 건강하고 좋은 몸이라고 생각할 수 있어요.

나의 몸을 사랑하라는 말, 몸이 아름답다는 말은 다시 생각해볼 필요가 있어요. 자신의 몸을 몸 자체로 인정하는 것은 어려운 일이에요. 몸을 바라보는 시선은 문화와 사회의 많은 요소, 그중에서도 미디어의 영향을 주로 받기 때문이죠.

우리는 일상에서 수많은 성표현물을 만나기도 합니다. 여기서 성표현물이란 성을 표현하거나 성과 관련된 내용을 담은 게임, 웹툰, 영화 등의 콘텐츠를 의미해요. 여기서는 '성적대상화'라는 개념이 중요합니다. 성적대상화는 상황에 맞지 않게 신체의 특정 부분만을 강조하거나 직업의 전문성을 드러내야 하는 상황에서 성적 옷차림과 노출만을 표현하는 것을 말합니다. 미디어의 몸 이미지나 캐릭터에서 쉽게 찾아볼 수 있어요. 캐릭터가 단순히 가슴을 노출했으니 성적대상화로 볼 수 있을까요? 가슴은 원래 야한 걸까요? 우리는 어떤 장면을 보고 야하다고 느끼거나 성적대상화라고 표현할 수 있을까요?

전쟁을 하고 싸워야 하는 게임이 많습니다. 우리가 게임 속 캐릭터가 되어 전쟁이 나거나 싸움을 하러 간다면 어떤 옷을 입으려고 할까요? 많은 사람들이 갑옷, 전투복, 군복, 방탄복 등을 입겠다고 해요. 비키니 차림으로 나가려는 사람은 없을 거예요. 하지만 게임에서는 전쟁에 나가는 여자 군인 캐릭터에게 수영복을 입히고 가슴만을 부각해서 표현합니다. 실제 상황이라면 노출을 최대한 줄일 텐데 말이에요. 몸매만을 강조해서 그려낸 캐릭터는 전쟁과 어울리지 않는 포즈를 취하고 전투에 도움이 되지 않는 무기를 들고 있습니다. 이렇게 상황에 맞지 않는 옷차림이나 노출, 몸 이미지를 보면 우리는 자신도 모르게 '야하다, 성적이다'라는 느낌을 받게 됩니다. 바로 이런 것들을 성적대상화라고 말할 수 있어요.

미디어에서 자주 성적대상화가 되는 직업 중에는 승무원, 간호사, 경찰, 군인 등이 있어요. 모두 사회에 꼭 필요한 일을 하는 전문적인 직업을 가진 사람으로 유니폼이나 근무복을 입고 일하는데요. 이들의 옷차림은 편하고 안전하게, 또 활동적인 업무에도 적합하게 그려져야 하지만 상황에 맞지 않게 딱 달라붙게, 짧고 노출이 불필요하게 강조되

는 경우가 많아요.

신체도 날렵하거나 안전을 책임질 수 있도록 힘이 센 모습으로 그려지기보다는 가슴만을 강조하고 업무에 적합하지 않은 포즈를 취하고 있는 경우가 많아요. 사람마다 몸이 다르니 가슴이 큰 사람도 분명 있습니다. 가슴의 크기가 클 때에는 그 무게도 상당하기 때문에 큰 가슴을 받쳐 줄 튼튼하고 두꺼운 허리나 어깨가 있어야 해요. 하지만 성적대상화된 캐릭터는 가슴이나 엉덩이, 성기와 같은 몸의 특정 부분만을 왜곡해서 크게 그려내고 허리와 다리는 가느다란 모습을 강조하게 됩니다.

노출이 많은 옷을 입고 가슴만을 강조하는 여자 군인과 함께 전투에 나간 남자 군인은 안전할까요? 한쪽 성별에게 외모만을 강조하는 사회에서는 힘이 많이 들거나 생명의 위협을 느끼는 일들을 자연스레 다른 성별이 맡게 됩니다. 큰 가슴이나 엉덩이, 날씬한 다리를 여자에게 강요하는 사회에서는 큰 키, 넓은 어깨, 근육이나 힘과 같은 모습을 남자에게 요구하게 되는 거죠.

성적대상화는 일상생활에서 직업을 가지거나 전문성을 드러내고자 하는 많은 사람들을 향한 편견을 만들어 냅니다. 성희롱이나 무례한 발언으로 쉽게 이어지기도 해요.

서로 다른 몸을 인정하지 않고, 획일화된 미디어 속에

서 특정 외모를 기준으로 비교하고 평가합니다. 외모평가는 일상이 되었습니다. 예능에서는 출연자의 달라진 외모나 몸매 이야기가 안부가 되었어요. 다리 길이를 비교하거나 외모순위를 매기는 것은 흔한 일이죠. 몸의 특징은 어느새 가장 쉬운 웃음의 소재가 되었어요.

운동선수의 경기력을 나열해야 할 기사에도 뜬금없이 '미남 선수, 미녀 선수'처럼 외모 이야기가 부각되기도 하고, 최근에는 인터넷 방송을 통해 비연예인의 사진을 놓고 비교하며 평가하는 경우도 많아졌죠. 내가 올린 사진에도 외모평가가 이러쿵저러쿵 댓글로 달려요.

우리 주변에는 "너 키 언제 클래?", "살을 좀 빼야겠는데?"라며 무례한 말로 사람의 얼굴, 몸을 놀리거나 상처를 주는 사람들도 있어요. 장난인데 뭘 그렇게 심각하게 받아들이냐고 덧붙이거나 다 너를 걱정해서 하는 소리라고 변명을 늘어놓기도 해요.

외모 지적이 아닌 칭찬은 괜찮지 않을까 생각할 수도 있어요. 그러나 칭찬도 평가의 일종입니다. 내가 다른 사람에게 어떻게 보일지 신경을 쓸 수밖에 없고 평가를 중요하게 여기게 돼요. 다른 사람이 바라보는 시선에 나를 맞추기 위해 불필요한 겉치장에 돈을 쓰고 힘을 쏟게 됩니다.

외모평가는 우리에게 어떤 영향을 줄까요?

외모지상주의, 성적대상화, 편견으로 뒤덮인 몸 이미지가 가득한 사회에서 여러분에게 "몸은 아름다운 거예요. 자신의 몸을 사랑하세요."라는 말은 와닿지 않을 것입니다. 나의 몸이 사랑스럽지 않을 수도 있어요. 꼭 아름다워야만 하는 것도 아니죠. 몸은 그냥 몸일 뿐인걸요.

결국 나의 몸을 있는 그대로, 그 자체로만 여기려면 우리는 지금까지와는 조금 다른 세상을 상상하고 다른 시선을 연습해야 해요.

몸에는 정답도, 기준도 없습니다!

외모를 두고 서로 놀리거나 비교하면서 평가하는 것은 잘못된 일이죠. 나쁘고 잘못된 것은 의미 없는 외모평가뿐이지, 나쁘고 잘못된 몸은 어디에도 없습니다. 외모평가와 같은 무례한 말에 상처받기보다는 나의 몸을 향한 시선으로부터 자유로워지길 바랍니다.

평가의 시선이 아닌 새로운 시선으로 우리 몸을 둘러볼까요?

내 몸이요?

정답도 기준도 없습니다.

우리의 몸에는 셀 수 없이 많은 털이 있어요. 여러분은 몸 어디에 털이 있나요? 머리에 있는 머리카락, 눈두덩 위에 나 있는 눈썹, 콧구멍 속의 코털뿐만 아니라 가슴, 배, 등, 팔, 손가락, 다리, 발가락까지 구석구석 많은 털이 있죠. 당연히 사람마다 털의 양, 털이 나는 곳도 다르죠.

어느 날부터 털이 없던 곳에 갑자기 털이 나기도 합니다. 인중이나 턱에 수염이 난다거나 겨드랑이와 성기 주변에 털이 나기도 해요. 털이 나는 시기와 그 모습도 제각각입니다. 수북하게 많이 나는 사람이 있는가 하면 나지 않는 사람도 있고, 거뭇거뭇하게, 듬성듬성하게 나기도 하죠. 원래 있던 털은 빠지기도 합니다. 몸이 그렇듯 털의 모습도 사람마다 달라요.

털을 없애야겠다고 생각하는 사람들도 있어요. 나의 몸이기 때문에 수염을 깎거나 겨드랑이 털을 밀고 싶을 수 있어요. 이 외에도 다른 신체 부위에 난 털을 밀거나 왁싱을 하는 것은 나의 선택이겠죠. 하지만 그 전에 한번 생각해봐요. 털을 없애야겠다는 생각은 왜 들었을까요? 혹시 수북한 겨드랑이 털을 드러내는 사람을 잘 보지 못했기 때문이라면 우리는 잠시 그 생각을 점검해 볼 필요가 있어요.

TV나 인터넷 예능에서는 겨드랑이에 털을 붙이고 개그의 소재로 사용하기도 하고, 겨드랑이 털이 많이 난 사람을 놀리기도 해요. 언젠가부터 겨드랑이의 털은 숨기거나 부끄러워해야 하는 몸의 일부가 되어버렸어요. 특히 털이 나는 변화가 찾아온 어린이, 청소년 중에 고민하는 사람들도 많습니다. 수영을 좋아하는 청소년이 수영장에 가서 몸을 씻다가 겨드랑이 털을 밀고 오지 않은 것을 깨닫고는 수영 연습에 참여하지 못한 아쉬움을 이야기한 적이 있어요. "너 겨털 보인다."라는 말을 학교에서 듣고 팔을 올리는 동작이 하기 싫어졌다는 어린이도 있었어요.

털뿐만 아니라 겨드랑이에서 나는 땀 역시 놀림거리의 대상이 되곤 합니다. 겨드랑이에서 땀이 날 수도 있고, 티셔츠에 땀이 묻어 젖을 수도 있는데 주변에서 놀리고 웃는다면 내 몸에서 나는 땀을 편안하게 받아들이기 힘들겠지요. 운동을 좋아하던 어린이, 청소년이 겨드랑이에 땀이 날까 봐 달리기를 멈춰버린 안타까운 이야기를 많이 들어요. 몸에서 일어나는 변화를 부끄럽게 느끼도록 만드는 분위기는 결국 서로를 힘들게 하고 모두를 위축되게 하죠. 자유로운 나의 의지로 몸에 관련된 일을 선택하는 것은 이렇게 쉽지 않아요.

누구도 의식하지 않은 채 마음껏 팔을 올리고 수영을 하거나 옷이 땀으로 젖을 때까지 신나게 달리고 춤을 추는 상상을 합니다. 털이나 땀에 신경을 쓰느라 멈췄던 일들을 더 편안하게 할 수 있었으면 해요.

몸 그림을 볼 때도 눈을 가리거나 소리를 지르는 사람들이 있습니다. 성기 그림을 함께 보며 성기를 알아보자고 하면 더 거센 반응을 보이는 사람들이 많아요.

대부분의 사람들이 성기는 제대로 된 이름조차 불러주지 않아요. 여러분은 평소에 성기를 어떻게 불렀나요?

고추, 잠지, 소중이, 거시기, 거기, 밑에, 심지어 아예 부르지 않는다고 말하는 사람들도 있습니다. 왜 성기를 성기라고 부르지 못하게 되었을까요? 이것은 성이나 성기는 숨겨야 하고, 말해서는 안 된다고 여기는 잘못된 문화로 인해 생긴 문제입니다. 성기는 야하거나 부끄럽고 이상한 것이 아니죠.

그럼 성기가 다른 신체 부위에 비해 더 특별하고 소중할까요? 특별하고 소중한 건 여러분 자신이고 사람들이죠. 성기는 다른 신체 부분과 다르지 않은 몸의 일부일 뿐입니다. 그러니 우리는 성기를 정확하게 성기라고 불러야겠죠.

많은 곳에서 성기를 표현하거나 알려 줄 때에는 성기 내부 구조 위주로 설명합니다. 난소, 나팔관, 자궁, 질, 정소, 정관, 정낭 등 볼 수 없는 성기의 내부 구조도 중요하겠지만 충분히 볼 수 있는 외부 성기의 모습을 아는 것이 더 중요하지 않을까요?

손을 더 자세하게 손가락, 손등, 손바닥, 손톱 등으로 표현할 수 있는 것처럼 성기도 음순, 음핵, 음경, 음낭 등으로 좀 더 자세하게 나눠서 표현할 수 있습니다. 이 모든 표현을 통칭해서 부를 수 있는 단어는 성기이기 때문에 이 단어에 가장 익숙해질 필요가 있어요.

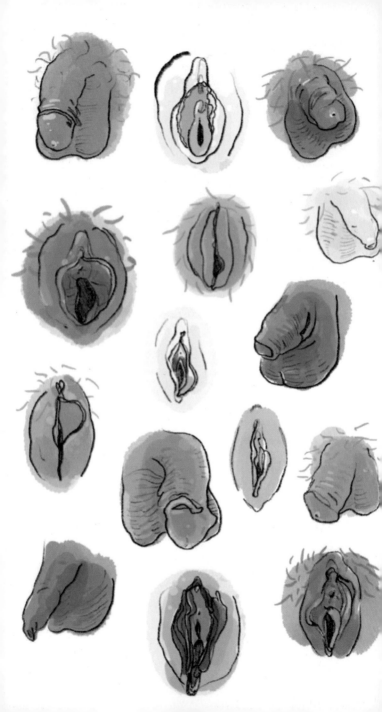

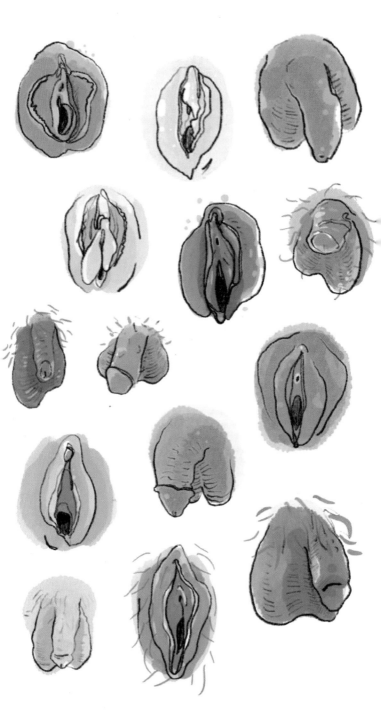

"성기가 작은 것 같아서 고민이에요.
이렇게 작아도 되나요?"

"성기를 처음 보고 깜짝 놀랐어요.
모양도 좀 이상한 것 같고…"

"사실 전 성기를 본 적도 없어요.
만지면 절대 안 된다던데요?"

"자꾸 만지면 색이 어두워지나요?
제 성기는 유난히 까매요."

* 어린이·청소년의 성기를 주제로 한 질문들

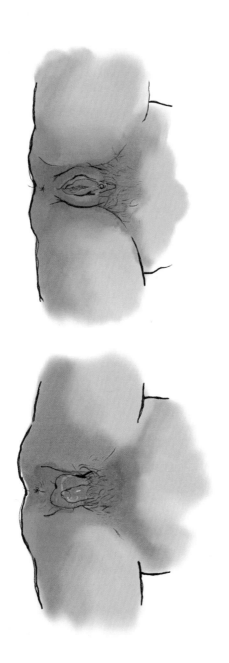

몸이 모두 다르게 생긴 것처럼 성기도 마찬가지입니다. 성기의 모양, 크기, 색깔, 냄새까지도 모두 다 다릅니다. 그림 속 성기와 내 성기의 모양이나 크기가 다른 것은 너무나 당연하기 때문에 걱정하지 마세요. 특히 성기와 성기 주변의 피부색은 다른 부위보다 어두워요. 성기 좌우의 모습이 다르거나 한쪽으로 휘어진 사람도 당연해요. 거울 속 나의 모습을 보세요. 좌우가 완전히 똑같이 생긴 사람이 있을까요? 몸이 그렇듯 성기도 똑같이 생긴 사람은 하나도 없기 때문에 기준과 정답이 없습니다. 이제는 고민하지 않았으면 좋겠어요.

모두 괜찮아요. 그럴 수 있어요.

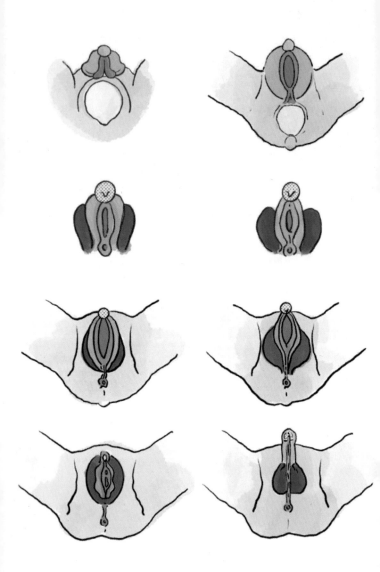

성기가 처음 만들어지는 과정을 알아보면 다양한 성기를 더욱 이해하기 쉬워요. 기원이 같고 동일한 기관이라는 의미에서 성기는 상동기관(相同器官)이라고 불러요. 우리가 태아일 때 맨 처음에는 공통의 성기에서 출발하는데 분화 과정에서 남자의 성기에 가깝게 또 여자의 성기에 가깝게 발달하는 것입니다. 이 과정에서 염색체, 호르몬, 성기의 모양이 정확하게 남자 또는 여자로 구별하기 어려울 수 있어요. 이런 경우를 간성(intersex, 인터섹스)이라고 부릅니다.

□ 남 성
□ 여 성

☐ 기 타
☐ 여 성
☐ 남 성

여러분은 어떤 성별에 체크하나요? 우리 사회에서는 성별을 구별할 때 흔히 □남자 □여자 두 가지로 체크박스를 두고 하나에 표시하라고 하는데, 사실은 둘 중 어느 곳에도 체크하기 어려운 사람들이 분명히 존재합니다. 만약 □기타 □여자 □남자와 같이 둘 중 하나를 체크하지 않아도 되는 사회가 된다면 어떨까요?

성기를 부끄럽게 여기고 이야기하는 것도 꺼리는 문화이다 보니 자신의 성기를 보거나 만지는 행동에도 죄책감, 거부감을 느끼는 어린이, 청소년이 꽤나 많았어요. 하지만 내 몸의 일부를 보거나 만지는 것은 성별에 관계없이 누구에게나 전혀 문제가 되지 않습니다. 자신의 성기를 보거나 만져도 괜찮습니다. 큰일 나지 않아요.

만약 성기에서 간지러움이나 통증, 불편함이 느껴진다면 다른 신체 부위가 아플 때처럼 당연히 병원을 찾아갈 수 있습니다. 성기를 너무 어렵게 여기지 않았으면 해요.

성기에서 일어날 수 있는 일들을 좀 더 알아둔다면 여러분에게 도움이 될 거예요.

성기는 가끔 가다가 커지거나 단단해지는 경우가 있습니다. 이러한 현상을 발기라고 불러요. 발기는 성별에 관계없이 모두에게 일어날 수 있는 일입니다.

남자의 음경만 발기한다고 알고 있는 사람들도 많은데 이는 정확하지 않아요. 발기는 여자의 음핵, 남자의 음경이 평소보다 좀 더 부풀고 단단해지는 현상을 말합니다. 흔히 발기는 성적인 상상을 해야 일어나는 일이라고 생각하는 사람들이 있는데 그렇지 않아요. 갑자기 특별한 이유가 없이 얼굴이 빨개지거나 몸이 뜨거워지는 것처럼 발기 역시 아무 때나 일어날 수 있는 일입니다.

물론 성적인 상상을 했을 때에도 발기할 수 있습니다. 성적인 상상을 해도 발기하지 않을 수도 있고요. 성적인 상상을 하며 기분이 좋아지거나 즐거움을 느끼는 사람도 있고, 성적인 호기심이 많은 사람도 있어요. 성이 나쁘고 잘못된 것은 아니잖아요? 누군가에게 존중과 배려가 없는 성적인 행동을 하는 것이 잘못된 일이죠. 상상은 얼마든지 해도 괜찮습니다. 누구나 그럴 수 있으니까요.

성기에서 일어날 수 있는 일에는 분비물이 나오는 것도 있습니다. 몸에서 나오는 분비물에는 어떤 것들이 있을까요? 눈물, 콧물, 땀, 피 등 우리 몸에서는 여러 가지 분비물이 나옵니다. 혹시 이런 분비물을 조절할 수 있는 사람이 있나요? 분비물의 가장 큰 특징은 조절할 수 없다는 점입니다.

성기에서도 분비물이 나옵니다. 여자의 성기에서 나오는 분비물은 질액, 남자의 성기에서 나오는 분비물은 정액이라고 부릅니다. 질액과 정액은 콧물처럼 투명하거나 흰

색에 가까운 색을 띠며 약간 끈적끈적합니다. 질액은 질에서 나온다고 해서 질액, 정액은 정자가 들어 있다고 해서 정액이라고 부릅니다.

'사춘기 신체변화 중 대표적으로 남자는 몽정을 하고, 여자는 월경을 한다.'처럼 몽정과 월경이 성별에 따라 발생하는 비슷한 몸의 변화로 알고 있는 사람들이 많습니다. 하지만 이는 정확하지 않은 내용입니다. 몽정은 잠을 잘 때 정액이 나오는 현상을 나타내는 말인데, 여자의 질액도 잠을 잘 때 많이 나올 수 있습니다.

남자의 성기에서 나오는 분비물인 정액은 일상생활에서 나오는 현상을 유정이라고 하고, 상황에 따라 정액을 내보낸다는 의미의 사정이라고 구별하여 쓰기도 합니다. 반면 여자의 성기에서 나오는 분비물인 질액은 단어를 처음 듣거나 잘 모르는 사람들도 많고 분비물이 나오는 상황에 따라 붙여진 명칭도 없습니다.

이로 인해 성별에 관계없이 모두 의아해하고 고민을 하는 경우가 있어요. 어떤 여자어린이는 성기에서 월경이 아닌 질액이 나왔는데 이게 뭔지 몰라서 당황했다고 말하기도 합니다. 남자어린이는 몽정을 경험하지 않는 경우도 있는데 누구나 해야 하는 거라고 알고 있어서 걱정했다고 말하기도 해요.

몽정과 월경을 비슷하게 생각하고 외워 두는 것보다는 질액과 정액을 좀 더 비슷하게 알고 있는 것이 훨씬 정확합니다. 월경은 질액, 정액과는 다른 현상으로 뒤에서 다시 안내할게요.

질액과 정액은 모두 조절하기 어렵습니다. 성별에 관계없이 사람은 누구나 성기에서 분비물이 나옵니다. 학교에서나 길을 걷다가 속옷에 묻기도 하고, 잠을 잘 때 많이 나오게 되면 이부자리에 묻기도 합니다. 그럴 때에도 너무 걱정하지 않았으면 좋겠어요. '아, 성기에서 분비물이 나왔구나.' 하고 안심해도 괜찮습니다. 물론 이 모든 상황도 사람마다 모두 다르겠죠? 발기나 분비물, 성기에서 일어나는 모든 일들은 경험할 수도 있고, 경험하지 않을 수도 있습니다.

그럴 때도 있고, 그렇지 않을 때도 있습니다.

괜찮아요.
몸이란 게 뭐 정해진 게 있나요?
그럴 수도 있는 거죠.

어느 날 갑자기 3~7일 동안 나의 성기에서 피가 흐
른다면 어떤 일들이 벌어질까요? 성별에 관계없이
함께 상상해 보면 좋겠어요.

누군가는 깜짝 놀라며 병원에 간다고 할 수도 있고, 약속이나 운동을 취소하려는 사람이 있을 수도 있어요. 주변에 도움을 요청한다고 말했던 사람도 있었고, 피가 많이 나니 과다 출혈로 죽을 것 같다고 말한 사람도 있었어요.

우리가 상상한 이 현상이 바로 월경입니다. 월경은 한 달에 한 차례 정도 약 3~7일 동안 성기에서 피가 흐르는 현상이에요. 여자의 몸속 자궁벽은 두꺼워졌다가 얇아지는 것을 반복하게 됩니다. 두꺼워졌던 자궁벽이 얇아지면서 피의 형태로 성기를 통해 나오게 되는데 이게 바로 월경이에요. 다른 신체 부위에서 피가 많이 나면 과다 출혈로 생명이 위험할 수도 있겠지만 월경은 피가 나도 죽지 않는답니다.

성기를 성기라고 제대로 부르지 않았던 것처럼 월경을 제대로 부르지 않는 경우도 많습니다. 심지어 월경용품 광고에서도 '그날'이나 '마법'과 같은 다른 단어를 쓰기도 해요. 월경은 성기와 마찬가지로 감추거나 숨겨야 하는 부끄러운 일이 아니라 우리 몸에서 일어날 수 있는 많은 일들 중 하나입니다. 생리라고 부르는 경우도 있는데 트림, 방귀와 같은 생리현상과 구분하기 위해서도 가장 정확한 표현인 월경이라는 단어를 사용하면 좋겠습니다.

'난 남자니까 월경은 몰라도 되겠지.'라고 생각하는 분이 혹시 있을까요? 누군가가 월경을 시작하게 된다면 일생

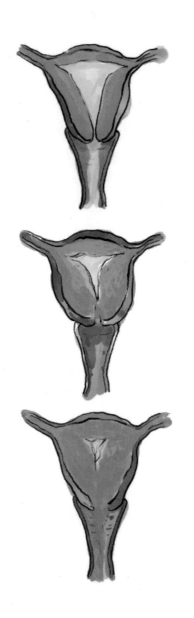

동안 약 400번 이상을 경험하게 됩니다. 내 주변에 함께 살아가고 있는 사람들의 몸에서 일어나는 일, 나는 아니지만 다른 사람의 몸에서 일어나는 일도 잘 알아가는 게 중요하겠죠?

같은 여자라고 해서 월경의 경험이 다 똑같지도 않아요. 월경을 아예 경험하지 않는 여자도 있습니다. 또 월경을 시작했다고 하더라도 언젠가는 월경이 중지되는 폐경을 경험하게 됩니다. 가끔 월경을 시작하는 사람을 축하한다는 의미에서 "너는 이제 진짜 여자가 된 거야."라는 말을 하는 사람들이 있어요. 그러나 월경의 경험 여부로 성별을 규정할 수는 없어요.

월경의 경우, 피가 흐르는 시기가 정확하게 정해져 있지 않습니다. 특히 처음 시작하게 되는 시기는 그 누구도 예상할 수 없습니다. 월경을 시작한다는 의미의 초경을 경험하는 평균 나이가 있다고는 하지만 이마저도 사람마다 차이가 커요.

한 달에 한 차례 정도 경험한다고 했지만 28일마다 하는 사람도, 32일마다 하는 사람도 있어요. 지난달에는 한 달 만에 월경을 했지만 이번 달에는 한 달하고도 일주일 후에 월경하는 경우도 있어요. 월경주기를 체크하라고 하는데 어느 정도 예상만 할 뿐 정확한 날짜는 아무도 알 수 없습니다. 월경도 분비물이기 때문에 조절할 수 없어요. 누구나 갑자기 성기에서 피가 흐를 수 있기 때문에 바지나 의자에 묻을 수도 있습니다.

"월경주기를 잘 체크해서 바지에 피가 묻는 일을 없게 했었어야지.", "난 월경할 때 별 느낌 없었는데 넌 월경통이 좀 과한 것 아니야?", "너 좀 예민한 것 같은데 월경해서 그래?", "월경용품을 잘 챙겨서 다녀야지."라는 말들은 월경의 경험을 움츠러들게 해요.

우리는 서로 다른 월경의 경험을 존중하고, 월경하는 사람의 이야기를 잘 들어야 합니다.

흐르는 피를 어떻게 하면 막을 수 있을까요?

어떤 학교에서 한 어린이가 "저라면 종이컵을 성기에 받치고 다닐래요."라고 아주 기발하고 재미난 상상을 말해 줬던 게 기억에 오래 남네요. 언제나 종이컵을 붙들고 다닐 수는 없을 테니까 몇 가지 월경용품을 탐구해 보면 좋겠어요.

1) 일회용월경대

우리나라에서 가장 흔하게 볼 수 있는 월경용품입니다. 포장지를 뜯으면 끈끈이가 붙은 패드가 있어요. 이 끈끈한 부분을 속옷에 붙여서 사용할 수 있게 만들었어요. 패드는 피를 흡수하게 됩니다.

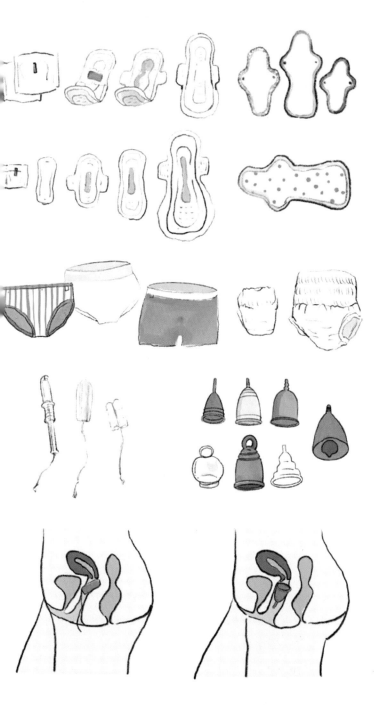

월경대의 크기는 왜 다를까요? 사람마다, 날짜마다 피가 나오는 양이 그때그때 다르기 때문이에요. 피가 나오는 양이 많을 때에는 좀 더 크기가 큰 월경대를, 많지 않을 때에는 작은 월경대를 사용할 수 있어요. 가끔 성기나 몸의 크기, 어린이와 어른의 차이 때문에 월경대의 크기가 다를 것이라고 생각하는 분들도 있는데 전혀 상관이 없습니다.

2) 면월경대

면으로 만들어진 월경대로 여러 번 사용할 수 있습니다. 일회용과 달리 끈끈이가 없기 때문에 주로 단추를 이용하여 속옷에 고정해서 사용할 수 있어요. 면월경대 역시 일회용월경대처럼 크기가 다양하기 때문에 피의 양에 따라 선택해서 사용할 수 있습니다. 면이라 피부에는 좋지만 빨래를 해야 하는 번거로움이 있긴 합니다.

3) 입는 월경대

팬티형 월경대라고도 부릅니다. 일회용도 있고 면월경대처럼 세탁해서 여러 번 사용할 수 있는 다회용도 있어요. 속옷 대신 입고 있을 수 있기 때문에 잠을 자거나 누워 있을 때에도 편리하지만 대부분의 제품 가격이 특히 비싼 편이에요.

지금까지 속옷에 붙이거나 속옷 대신 입어서 피를 막는 월경용품을 살펴봤다면, 이번에는 성기 안에 넣어서 피를 막는 월경용품을 탐구해 볼게요.

4) 탐폰

해외에서는 우리나라의 일회용 월경대처럼 일회용 탐폰을 훨씬 흔하게 볼 수 있어요. 포장지를 뜯으면 어플리케이터 안에 실이 달려 있는 흡수체가 있는 경우가 많아요. 이럴 때에는 성기에 어플리케이터를 넣고 손으로 반대편을 밀어서 흡수체만 성기 안에 남기고 어플리케이터는 버리면 돼요. 어플리케이터가 없는 탐폰도 있는데 이 경우에는 손으로 흡수체를 밀어 넣어서 사용할 수 있어요. 흡수체는 피를 흡수하게 되는데 물을 부어서 쓰는 원통 모양의 물티슈를 상상하면 좀 더 쉽게 이해할 수 있어요.

탐폰에는 실이 달려 있는데 당겨서 꺼낼 때 사용합니다. 이 실은 정말 잘 끊어지지 않으니 크게 걱정하지 않아도 됩니다. 만약 끊어져도 손으로 꺼내기에 큰 무리가 없답니다.

5) 월경컵

대부분 의학용 실리콘으로 만들어져서 2~3년 동안 사용할 수 있어요. 탐폰보다 큰 크기에 당황하는 청소년을 많이 봤어요. 성기에 그대로 넣지 않고 접어서 넣으면 돼요. 접힌 컵은 성기 안에서 저절로 펴지며 컵에 피가 담기게 됩니다. 접는 방법은 여러 가지가 있는데 자신에게 잘 맞고 편안한 방법을 선택하면 됩니다. 3~4시간마다 교체하는 다른 월경용품과 다르게 월경컵은 10~12시간까지도 사용이 가능해요. 교체할 때에는 성기 안으로 손가락을 넣어서 월경컵의 공기를 살짝 뺀 후 꼬리를 이용해서 꺼낼 수 있어요.

탐폰이나 월경컵처럼 성기 안에 넣어서 사용하는 월경용품은 수영이나 물놀이도 할 수 있어요. 가끔 성기 안에 무언가를 넣는다는 것에 거부감을 느끼거나 아플까 봐 미리 두려워하는 사람도 있어요. 그런데 여러분, 성기는 막혀 있지 않아요. 성기가 막혀 있다면 월경이 흘러나올 수 없었을 거예요. 충분히 월경용품을 넣어서 사용할 수 있습니다.

이 모든 월경용품을 아무리 잘 사용해도 흐르는 피가 새어 나와 속옷과 옷에 묻을 수 있어요. 월경용품은 완벽하게 피를 막으려는 게 아니라 월경 중에도 일상에서 좀 더 편하게 생활하기 위해 사용하는 거예요. 여러분이 월경용품 중 나에게 잘 맞고 편리한 제품을 선택해서 사용하면 좋겠어요.

만약 성기 안에 넣는 월경용품을 선택하고 싶어도 주변에서 "그런 건 어린이, 청소년이 사용하면 안 돼."라고 하거나 가격이 너무 비싸서 이것저것 사용해 보기가 어렵다면, 결국 나에게 잘 맞고 편리한 월경용품을 선택하기 어려워집니다.

우리 모두에게 휴지가 필수품인 것처럼 월경용품은 월경을 경험하는 사람에게 필수품입니다. 교실이나 일상생활 속에서 누구나 불편하지 않게 월경용품을 찾아서 쓸 수 있어야 하지 않을까요? 더 다양하고, 안전하고, 편리한 월경용품이 많이 나오면 좋겠어요. 또 누구나 지금보다 더 쉽게 월경용품을 만나는 상상을 했으면 좋겠어요.

청결하고 깔끔함을 강조하는 월경용품 광고를 보면 어떤 생각이 드나요?

월경을 하는 사람이 '월경, 생리'라는 말은 입에 담지도 않은 채 하얀 치마를 펄럭거리며 날아갈 듯한 기분을 설명하는 광고, 월경혈(피)은 불결하다고 생각해서 파란색 액체만을 보여주는 광고 등이 많습니다. 월경을 하는 사람에게도 정확한 정보를 제공하지 않는 광고라 큰 도움이 되지 않을 뿐만 아니라 월경을 경험하지 않는 사람에게도 월경을 잘못 인식하는 편견을 만들어 냅니다.

A교실 – 월경은 부끄러우니 숨겨야 한다고 생각하는 사람이 많은 학급, 바지나 의자에 피가 묻기라도 하면 수군거리며 피를 묻힌 사람에게 귓속말로 빨리 바지를 가리고 보건실에 가라고 하는 학급

B교실 – 월경은 누구나 경험할 수 있는 당연한 현상이라고 생각하는 사람이 많은 학급, 바지나 의자에 피가 묻어도 "그럴 수도 있지." 하며 별일 아니라고 말하는 학급

여러분이라면 어떤 교실에서 월경을 경험하는 것이 더 편안하게 느껴질까요? B교실에서는 그 누구도 갑자기 월경을 시작하게 될까 봐 불안해하지 않을 것 같아요.

월경을 왜 하는지 과학적인 이유를 찾고 아는 것도 좋지만 그보다는 월경을 경험하는 주변 사람들을 존중하는 태도가 더 중요해요. 우리가 생활하는 교실뿐 아니라 사회에서 함께 살아가는 사람에게도 그런 일이 일어날 수 있어요.

지하철 의자에도 피가 묻을 수 있겠죠. 그럴 때에도 우리는 이제 이렇게 말할 수 있지 않을까요? "월경, 뭐 어때요? 피가 좀 묻을 수도 있죠!"

월경을 경험할 때 더 편안한 교실을 골라봤던 상상을 기억하시죠? 상상 속 교실을 확장하면 우리가 살아가는 사회의 모습이기도 합니다. 교실 안의 사람들이 서로 영향을 주며 가지게 된 공통의 생각이나 태도는 사회에서 많은 사람들이 만들어가는 문화라고 볼 수 있습니다.

나의 몸과 내 몸에서 일어나는 변화를 자유롭고 편안하게 여기는 것은 단순히 혼자만 마음을 굳게 먹는다고 해서 되는 것은 아니에요. 우리는 공동체를 이루며 살아가고 있기에 많은 사람들이 만들어 낸 공통의 생각이나 태도, 성문화의 영향을 받을 수밖에 없죠. 개인의 생각도 중요하지만 성문화를 바꾸어 나가지 않으면 지금의 성에 관한 잘못된 사회적 규범, 고정관념, 편견은 깨지기가 쉽지 않아요.

이제 서로 다른 두 사회가 있다고 상상해 볼게요.

많은 사람들이 기대하는 이상적인 몸이 기준이나 표준으로 되어 있고, 누군가를 바라볼 때 머리부터 발끝까지 외모를 평가하는 말들을 일삼으며 '남자는 ~한 모습과 ~를 하는 것이 정상이다. 여자는 ~한 모습과 ~를 하는 것이 일반적이다.'라며 성별에 따른 역할과 모습이 명확하게 나뉜 곳.

세상에는 수많은 사람, 다 다른 몸이 있기에 저마다의 생김새에는 정답이 없고, 누군가를 바라볼 때 '괜찮아, 그럴 수도 있지.'라는 시선으로 '이런 것을 좋아하거나 싫어하는 사람도 있고, 저런 것을 잘하는 사람도 있고 못하는 사람도 있다.'라며 모두의 역할과 모습이 존중받는 곳.

우리는 어떤 교실에서
우리는 어떤 사회·문화, 성문화에서
있는 그대로의 몸, 있는 그대로의 나를
받아들일 수 있을까요?

두 번째 상상,
관계

즐거운 성문화는 어떤 모습일까요?

사람과 사람이 만나서 사회를 구성하고, 그 구성원은 문화를 만듭니다. 사회·문화 안에서 우리가 성(性, Sexuality)의 다양함을 인정하고 서로 존중할 수 있다면 그야말로 즐거운 성문화가 아닐까요?

즐거운 성문화의 첫 시작인 사람과 사람이 만나는 일, 관계는 매우 중요한 부분입니다. 우리는 다른 사람들과 서로 연결되어 있으며 서로의 감정, 생각, 경험을 공유합니다. 이 과정에서 가족, 친구, 동료와 같은 다른 사람들의 가치관을 배우고 받아들이기도 합니다. 관계는 나의 성적 가치관, 성적인 의사소통, 경험, 선택, 의사결정에도 큰 영향을 미치게 됩니다.

'편견'이나 '고정관념'은 이러한 상호작용의 과정을 방해합니다. 우리가 좀 더 좋은 삶을 고민하고 더 나은 성문화를 상상하기 위해서는 먼저 일상에서 만나는 인간관계의 모습에서 나타나는 여러 가지 편견이나 고정관념을 살펴볼 필요가 있습니다.

사람이 태어나 가장 먼저 맺게 되는 관계인 가족 관계부터 돌아보고자 합니다.

나와 우리 주변을 둘러보면

할머니, 할아버지와 가족을 이루는 사람
아빠랑만 가족을 만드는 사람
엄마랑만 가족을 만드는 사람
시설이나 공동체에서 만나 가족을 이루는 사람
반려동물과 함께 사는 사람
입양을 통해 자식을 만나는 사람
혼자사는 사람

다양한 형태의 가족을 구성하는 사람들을
볼 수 있습니다.

가족의 형태는 매우 다양하지만 사회에서는 가족의 기준이나 모습을 정해 두기도 합니다. 결혼과 혈연으로만 이루어진 아빠, 엄마, 자녀만을 보편적인 모습으로 제시하며 '정상'가족으로 소개하는 경우가 많습니다. 사회에서는 많은 가족의 형태에 ○○가족, □□가정과 같이 이름을 붙이기도 하고, '정상'가족이라고 칭하는 가족을 제외한 다른 형태의 가족을 사회적 문제로 여기기도 합니다.

우리는 서로 다른 형태의 가족을 존중해야 합니다. 상대방이 어떤 형태의 가족인지에 따라 그 사람이 어떤 사람일 거라고 함부로 판단하는 것은 실례입니다. 무엇보다도 나의 결혼, 출산, 입양 등 가족을 구성하는 상황에 있어서 내가 원하는 대로 구성하기가 어려워집니다.

오랫동안 굳어진 정상가족의 형태에는 보편적이라는 말 뒤에 숨어 불평등한 가족 구성원의 역할을 만들어 내기도 합니다. 예를 들면, 아빠는 가족의 생계를 책임져야만 하고, 엄마는 양육을 우선시하며 가족을 위해 헌신해야만 합니다. 자식은 부모에게 효도하며 형제자매와 우애가 깊은 모습을 보여야 합니다. 이것은 모두 고정관념입니다. 우리는 일상 속에서 '부모는, 아내는, 남편은, 첫째니까, 막내니까, 딸이니까, 아들이니까'로 시작하는 말들이 가진 편견을 무의식적으로 받아들이게 됩니다.

가족 안에서 벌어지는 책임이나 역할에는 당연히 더 적

"즐겨 보던 예능이 있는데 거기서 매번
이혼한 출연자를 놀리는 게 불편해요.
우리 부모님도 이혼을 했는데,
요즘엔 안 그런다고 하지만
그래도 이혼했다고 하면 안 좋게
볼 것 같아서 걱정이거든요."

"드라마를 보면 재혼가정에서 만난
남매나 이복남매는 항상 사이가 안 좋고
재산문제로 다투는 것 같아요."

"시설에서 살고 있는데 친구들이
가정환경과 성격을 엮어서 말할 때
기분이 좋지 않았어요."

"저 혼자 아이를 키워서 그런지
아들은 아빠가, 딸은 엄마가
성교육하는 게 좋다고
하는 말이 자주 들려요."

* 어린이·청소년의 가족 관계를 둘러싼 편견들

합하게 타고난 성별이 정해져 있지 않습니다. 어른만 아이를 돌보는 것도 아닙니다. 실제로 세상에는 가족 구성원마다 상황에 맞게 책임과 역할을 나누어 성실히 수행하는 사람도 많아요. 편견은 결국 내가 원하거나 더 잘할 수 있는 역할의 선택을 방해합니다.

다른 사람의 시선에 맞춘 정상가족을 구성하는 것보다는 가족 구성원끼리 서로 돌보고 존중하며, 믿을 수 있고 평등한 관계를 맺는 것이 더 중요하지 않을까요? 가족 내 역할이나 책임을 정할 때에는 성별이나 나이에 따라 고정된 모습을 정하기보다는 적극적인 의사소통으로 협의하여 결정하는 것이 모두의 성장을 위해 좋습니다.

일정 기간이 지나면 우리는 독립, 자립을 경험할 수 있습니다. 여기서 말하는 독립과 자립은 거주지나 살던 공간의 분리가 될 수도 있겠지만 경제적인 분리, 함께 살더라도 내가 스스로 온전히 생각하고 결정할 수 있는 시기, 그 결정을 실천으로 옮길 수 있는 환경을 만드는 것도 의미합니다.

좀 더 좋은 가족의 모습은 어떤 모습일까요? 함께 고민하고 상상해 보면 좋겠습니다.

서로 돌보고 믿을 수 있는 평등한 관계

많은 고정관념이 영향을 미치는 또 하나의 인간관계가 있습니다. 바로 연인관계, 애인관계입니다. 연애는 꼭 해야 하는 걸까요? 좋아하는 마음은 연애나 결혼으로 꼭 이어져야 할까요? 연애, 결혼은 꼭 이루어야 하는 업적이 아닙니다. 좋아하는 사람이 생기면 용기 있게 고백하라는 말을 종종 듣기도 합니다. 그런데 용기는 고백할 때만 필요한 게 아니겠죠. 상대방을 존중하는 마음으로 고백을 참는 것도, 고백을 했더라도 상대가 거절하면 물러서는 것도 모두 용기가 필요한 일입니다. 애정과 사랑을 표현하는 방식도 다양할 수 있다는 것을 기억했으면 좋겠어요.

두근두근 콩닥콩닥. 심장이 뛰기도 하고 가족이나 친구와 느꼈던 사랑과 누군가를 좋아하는 마음에는 조금 차이가 있을 거예요. 보고 싶은 순간이 생기고, 스킨십을 하고 싶다는 마음이 들 수도 있습니다. 그러나 이렇게 내가 누군가를 사랑한다고 해서 그 상대방도 꼭 나를 좋아해야 하는 것은 아닙니다. 내가 느끼는 사랑의 감정이 그대로 돌아오지 않더라도 너무 낙심하지 않았으면 해요.

연인이나 애인관계는 드라마나 영화에서도 자주 만날 수 있어요. 미디어에는 키스신, 고백신과 같은 애정신이 참 많습니다. 애정을 표현하는 장면 또한 성표현물로 볼 수 있어요. 거실 TV에 이런 장면이 나오면 어떤 어른은 헛기침을 하며 어색하게 채널을 돌려버리기도 하죠. 어린이, 청소년과 함께 보기에 민망한 장면이라고 말하기도 해요. 어린

상대의 거절을 받아들일 수 있는 용기

이, 청소년도 보다 나은 성적 결정, 성적인 선택을 내리기 위해서는 성적인 상황과 정보를 이해하고 판단할 수 있는 능력이 필요합니다. 무턱대고 보지 않는 것만이 어린이, 청소년에게 도움이 되는 것은 아니에요. 오히려 어떤 방식으로 연애를 배울 수 있을지를 고민해 보면 좋겠어요.

여전히 많은 미디어에서는 애정관계를 그릴 때 성별에 따라 고정되어 있는 역할이나 기대가 있는 것처럼 그려내기도 합니다. 이렇게 만들어진 '성역할 고정관념'은 우리의 일상에도 영향을 줍니다. 남자청소년 중에는 좋아하는 사람과 데이트를 할 때 데이트 비용이 걱정된다는 사람이 꽤 많았어요. 여자청소년 중에는 먼저 고백도 하고 싶고, 스킨십도 리드하고 싶은데 여자애가 그러면 안 될 것 같다는 생각이 들어서 용기를 내기 어렵다는 사람이 많았어요. 여자는 능력보다 얼굴만 예쁘면 된다고 말하는 청소년도 있었어요. 또 워낙 많은 곳에서 연애 이야기만을 그려내다 보니 연애나 결혼을 꼭 해야 하는 것인지 의문을 가졌던 청소년도 많았죠. 연애감정을 느껴보지 못한 자신이 이상한 것인지 고민하는 청소년도 있고요.

실제 연인, 애인과의 관계는 언제나 해피엔딩으로 끝나지만은 않겠죠. 두 사람의 마음이 잘 통해서 사귀게 된 경우, 즉 연인이 된 이후에도 사랑과 데이트의 즐거움을 쌓아가는 시간들이 존재하는 반면 다툼이나 갈등, 이별의 순간과 헤어짐의 시간을 경험하기도 합니다. 꼭 거창한 문제만

이 갈등을 만들지 않아요. 연락의 횟수가 달라 싸우기도 하고 애정표현의 방식이 달라 다툼이 발생하기도 합니다. 나에게는 사소한 부분이라고 생각되는 것도 상대방에게는 크고 중요한 문제가 되기도 합니다. 현실의 연애는 상대를 이해하고자 시간과 노력을 들여야 하고, 이 과정에서 어려움과 타협을 자주 경험하게 됩니다.

일상에 영향을 많이 주는 미디어 속 연인들의 애정표현 장면에서는 불이 갑자기 꺼지고 어디선가 잔잔한 음악이 흘러나오며 눈빛교환만으로 스킨십이 이루어지곤 합니다. 잠을 자는 상대에게 기습으로 스킨십을 하거나 화를 내는 상대에게 강압적인 스킨십을 하기도 해요. 이 장면은 로맨틱하고 사랑스러운 장면으로 그려지며 동영상 플랫폼이나 SNS에서 '인생 키스, 키스 명장면, 박력 있는 남주, 사랑꾼' 등의 수식어가 붙으며 편집된 영상이 돌아다니기도 합니다.

누군가는 착각할 수 있어요. '아, 싫다고 말해도 속으로는 좋아하는 구나.'라고요. 실제 상황이라면 그리 낭만으로 느끼진 않을 것 같아요. 여러분이 피곤해서 책상에 엎드려 자고 있는데, 누군가가 귀엽다며 뽀뽀를 쪽 하고 간다면? 슬퍼서 눈물을 쏟고 있는 순간에, 화가 잔뜩 나서 열을 내고 있는데 상대방이 팔목을 낚아채며 벽으로 몰아붙여 키스를 한다면? 사랑을 느낄 수 있나요? 현실에서 강하게 저항하며 싫다고 외쳐도 상대방이 나의 말을 믿지 않고 속으

론 좋아할 것이라며 스킨십을 계속한다면 어떨까요? 너무 위험한 생각이 아닐까요?

누군가와 스킨십을 하고 싶거나 몸을 만지고 싶다면 어떻게 해야 할까요? 다짜고짜 내가 하고 싶은 스킨십을 누군가에게 행동으로 옮겨도 괜찮을까요? 내가 원하는 스킨십과 상대방이 원하는 스킨십이 다를 때도 있고, 스킨십도 다양하기 때문에 동의를 구해야 합니다. 스킨십 전에 동의를 구해야 한다는 당연한 이야기를 하면 "누가 그런 걸 물어보고 해요?"라고 말하는 사람들도 있고, 물어보지 않은 스킨십이 더 좋다고 하거나 무슨 말로 물어봐야 하는지 대사를 모르겠다고 말하는 사람들도 있습니다. 왜 이렇게 동의를 구하는 게 어색하게 느껴질까요? 제대로 동의를 구하고 상대의 답을 듣고 스킨십하는 장면을 자주 만나지 못했기 때문이에요.

이러한 장면에서는 로맨틱한 배경음악이나 화면 속 따스한 조명도 큰 역할을 합니다. 배경음악만 지우고 키스신을 다시 봐도 큰 차이를 느낄 수 있을 거예요. 조금만 더 생각해 보면 폭력일 수 있는 장면이 연애와 사랑의 모습이 되어버린 것 같아요.

드라마나 영화에서 보여주는 연인관계가 정답이나 기준이 아님을 알고, 오히려 좋아하고 사랑하는 사람이 있다면 그 사람을 어떻게 존중하고 배려할지 고민했으면 해요.

근사하게만 보이는 드라마, 영화 속 썸, 커플, 연인관계, 무용담처럼 늘어놓는 스킨십 비법, 고백 성공담 등. 실제 우리가 살아가는 현실에서는 꼭 그렇게 멋지고 근사하지만도 않아요. 오히려 초라한 나와 상대방을 느끼는 순간도 있고, 모자라고 서툴고 부족한 부분을 느끼는 날들도 있기 마련이죠. 거절당할 때도 있고, 내 뜻대로 되지 않는 게 더 많아요.

뭐 어때요? 그런 순간들도 있는 거죠.

경계는 뭘까요?

왜 경계를 존중해야 할까요?

즐거운 성문화, 즐거운 인간관계를 만들기 위해 꼭 필요한 것이 있습니다. 바로 '경계'를 '존중'하는 것입니다.

지하철이나 엘리베이터를 타 본 경험이 있으신가요? 아직 아무도 타지 않은 비어 있는 엘리베이터를 상상해 볼게요. 내가 왼쪽 구석에 자리를 잡았어요. 다음 사람이 타면 어디에 자리를 잡을까요? 아마 오른쪽 구석에 자리를 잡게 될 겁니다. 왜 내 곁에 딱 달라붙어서 서지 않을까요? 말로 표현하지 않아도 불편함을 느끼게 하고 싶지 않아서겠죠. 아주 사람이 많아서 나의 공간을 확보할 수 없기 전까지 우리는 최대한 사람들과 거리를 둡니다. 지금 엘리베이터에서 최대한 확보하는 공간, 거리감이 바로 경계입니다.

우리는 경계가 침범되었거나 적당한 거리감이 잘 유지되지 않았을 때 불편함을 느끼게 됩니다. 물론 사람마다 어느 정도의 차이는 있지만 서로의 경계를 존중하고자 노력해야겠죠. 지하철이나 버스가 텅텅 비어서 자리가 많은데 다른 사람이 굳이 내 옆에 딱 달라붙어 서 있다면? 혹은 내가 보고 있는 휴대전화를 빤히 쳐다본다면? 아마 불편한 감정을 넘어서서 불쾌하고 몸을 기울여 피할 수도 있을 거예요. 어디선가 배운 것처럼 큰 소리로 "왜 이러세요?", "저리 가세요."라고 말할 수도 있겠죠.

친밀해지는 관계에서도 마찬가지입니다. 장난 섞인 외모평가, 성적인 농담, 사생활에 관한 질문도 상대방의 경계를 침범할 수 있어요. 친구의 성적 지향, 성정체성, 성적인 경험 등을 알게 되었을 때 이를 누군가에게 말하거나 소문을 내는 것도 경계를 침범하는 것입니다. 서로 친해질 때 느끼는 거리감, 경계는 사람마다 다르기 때문에 우리는 상대방과 가까워질 때에도 예의를 갖추고 동의를 잘 구해야 합니다.

누군가의 물건을 사용하고 싶을 때 우리는 "이것 좀 빌려줄 수 있을까?"라고 물어봅니다. 상대방은 빌려주고 싶지 않을 수도 있죠. 그럴 때 우리는 아쉬운 기분이 들더라도 이내 포기합니다. 어쩔 수 없잖아요? 내 것이 아니니까요. 사진을 찍을 때에도 마찬가지예요. "사진 찍어도 괜찮을까?", "SNS에 올리고 싶은데 이 사진 올려도 괜찮아?" 사진을 찍히는 상대방이 당황스럽지 않게 물어봐야겠죠. 이 상황에서도 상대방이 원하지 않는다면 사진을 찍거나 올리는 행동을 멈춰야 합니다.

실제 사례와 비슷한 상황을 나의 경험이라고 생각하며 상상해 보면 좋겠어요. 학급 전체가 화상채팅 회의 어플을 사용해서 수업을 하고 있었는데 내가 발표하는 모습을 친한 친구가 장난으로 화면을 캡처했어요. 친구는 캡처한 화면을 단톡방에 공유하며 나의 모습을 장난스럽게 놀리며 웃었죠. 나의 기분은 어땠을까요? 나는 친한 친구의 장난을 성폭력이라며 신고할 수 있을까요?

어느 날 친구가 나와 사진을 찍어서 자신의 SNS에 올렸습니다. 내가 보기엔 이 사진이 너무 마음에 들지 않아서 지워 달라고 했어요. 친구는 이미 올린 지도 좀 됐고, 뭐 이런 걸 가지고 그러냐며 대수롭지 않게 넘어가네요. 나의 기분은 어땠을까요? 내 사진을 동의 없이 올린 친구를 성폭력 가해자로 볼 수 있을까요?

위의 사례들은 어린이, 청소년이 자주 경험하는 일입니다. 많은 사람들이 이러한 경험을 겪어 기분 나빠하기도 하고, 친구의 입장이 되기도 해요. 이런 사건들도 디지털 성폭력 사건으로 말할 수 있을까요? 친한 친구를 신고할 수 있을까요?

우리는 성폭력이라고 하면 뭔가 뉴스나 기사에 나와야만 할 것 같은 큰 사건을 떠올려요. 사실 일상에서 우리가 경험하는 즐겁지 않은 성문화는 금세 성폭력 사건과 닮아가게 됩니다.

우리는 성폭력 피해를 예방할 수 없어요. 폭력은 예고 없이 나를 찾아오기 때문에 피해를 막을 수 있는 방법이 존재하지 않죠. 하지만 우리는 성폭력 가해는 막을 수 있어요. 나의 장난이나 사소한 행동이 누군가의 기분을 불편하고 불쾌하게 만든다면 이 또한 폭력이 될 수 있음을 인지하고 그렇게 되지 않도록 하는 거예요.

똑!똑! 들어가도 될까요?

방과 방 사이에 달려 있는 문은 서로의 공간, 경계를 지켜주기도 해요. 그래서 우리는 노크를 합니다. "똑똑! 들어가도 될까요?" 문 안쪽의 상대방이 놀라지 않도록 말이죠. 우리가 좀 더 즐거운 인간관계를 만들고 싶다면 "손잡아도 될까?", "나는 지금 이런 스킨십이 하고 싶은데 너는 어때?", "혹시 내가 하는 행동 중에 불편한 게 있을까?"라고 상대방을 존중하는 마음을 담아 물어봐 주세요.

상대방의 마음이 나와 늘 같지는 않기 때문에 거절할 수도 있어요. 이럴 때 거절을 잘 받아들일 수 있는 것도 용기입니다. 물론 거절을 당했을 때 기분이 썩 유쾌하지 않을 수는 있습니다. 하지만 상대방은 내 것, 나의 소유물이 아니니까요. 나의 마음대로 할 수 있는 게 아닙니다.

여러분은 누군가의 제안이나 부탁을 거절하는 것이 쉬운가요? 어떤 사람은 거절을 잘하기도 하지만 대부분의 사람들은 거절하기를 어려워합니다. 거절이 어려운 순간들은 누구에게나 있을 수 있어요.

이렇게 거절이 어려웠던 순간들을 공유하다 보면 여러분에게 "싫으면 싫다고 분명하게 이야기하세요.", "거절을 확실하게 해."라는 말을 쉽게 할 수 없습니다. 상대방과의 관계를 망치게 될까 봐 두려워서, 거절하면 나에게 불이익이 생길 수 있는 경우, 윗사람의 부탁이나 지시, 나보다 많은 권력을 가진 상대가 제안할 때 등 많은 경우에 우리는 거절이 어렵습니다.

거절당하는 것이 내가 무시당하는 것이 아님을 알고, 무언가 제안이나 부탁을 할 때에도 상대방에게 충분히 고민할 시간을 주는 것, 거절해도 괜찮음을 알려주는 것, 거절할 때에도 편안한 마음을 지닐 수 있도록 거절을 기꺼이 잘 받아주는 자세가 모두에게 필요합니다.

새로 산 학용품을 친구가
빌려달라고 했을 때
– 나를 쪼잔한 사람으로 볼까 봐

단톡방에서 친구들의 농담에 웃고
싶지 않았지만 별말 못 함
– 같이 웃지 않으면 나만 소외당할 것 같아서

나한테 잘해 준 어른의 부탁은 거절이 어렵다
– 잘해 준 걸 아니까 미안해서

약속이 있었는데 알바 사장님이
일을 더 해달라고 할 때
– 알바비를 못 받을까 봐

피곤해서 스킨십을 하고 싶지
않는데 그냥 함
**– 상대방을 많이 좋아하는데
거절하면 헤어지자고 할까 봐**

*** 어린이·청소년의 거절이 어려웠던
순간과 그 이유들**

'가족이니까, 친구니까, 연인이니까, 친한 사이니까'라는 말을 앞세워 서로 주고받는 상처가 없는지 점검해 볼 필요가 있습니다. 가정폭력, 학교폭력, 성폭력, 교제폭력 등… 사회에서는 폭력에 이름을 붙여 구별하기도 하는데 참 어울리기 어려운 단어들이라는 생각이 드네요. 어떠한 관계에서도 폭력은 허용될 수 없습니다.

가족이나 친구, 연인 등, 모든 인간관계가 언제나 좋아야 한다고 생각하지 않았으면 해요. 오히려 관계를 맺고 있어도 외롭거나 힘들고 아플 때도 있습니다. 그럴 때에는 잠시 거리를 두거나 관계를 더 이상 지속하지 않는 방법도 있어요. 인간관계의 모습이 언제나 좋은 방향으로 흘러가지 않았다고 해도 그건 나의 잘못이 아닙니다.

진실하고 용감한 사람이라면 다양한 인간관계의 모습, 서로 다른 사람들의 생각과 감정을 모두 다 이해하진 못하더라도 차이가 있음을 인정할 수 있을 거예요.

좋은 점
외롭지 않다.
맛있는 걸 같이 먹을 수 있다.
어려운 일이 있을 때
내 편이 되어 준다.
없다, 나는 혼자 있는 게 좋다.
수다를 떨고 싶을 때
내 말을 들어준다.
의지할 수 있다.

불편하거나 아쉬운 점
시간, 돈, 에너지가 아깝다.
배신하는 사람도 있다.
관계를 너무 신경 쓰다 보면 내가 해야 되는 것에
집중하기 어렵다.
눈치를 보게 된다.
인간관계를 유지하기 위해
억지로 해야 하는 일들이 있다.

* 어린이·청소년이 생각하는 인간관계의
좋은 점, 불편하거나 아쉬운 점

그리고
세 번째 상상

"SNS나 예능에서 외모를
더 이상 웃음의 소재로 쓰지 않는다면 어떨까요?"

"나의 외모를 두고 이러쿵저러쿵
평가하지 않는 날이 온다면?"

"성기나 몸 이야기를 좀 더 자유롭고
편하게 나눌 수 있다면?"

"바지나 의자에 월경-피가 묻어도
'그럴 수도 있지.' 하는 사회에선
어떤 일들이 벌어질까요?"

"남자, 여자로만 구별하는 것이 아닌
~ ~ 를 잘하는 사람, ~ ~ 를 싫어하는 사람,
모두 각기 다른 사람들로 부르는
사회는 어떨까요?"

"드라마, 영화에서 스킨십 장면이
나올 때 정중하게 동의를 구하는
장면이 많아진다면 어떨까요?"

* 즐거운 성문화를 상상하는 질문들

지금까지 우리는 기존의 성문화에 질문을 던지며 즐거운 성문화를 상상해 보았습니다. 상상하는 질문은 그동안의 생각과 가치관을 점검하게 만들며, 새로운 관점을 제공하여 더 나은 사회·문화에 가까워지게 합니다.

이제 우리들의 일상에 몇 가지 질문을 더 던져 보려고 합니다.

야동을 지금까지와는 다르게 인식할 수 있을까요?

성표현물 중에는 야동이라고 부르는 '야한 동영상'도 있어요. 포르노라고 부르기도 하죠. 야동이나 포르노는 성적 노출, 음란물, 19세 미만 시청 금지이기 때문에 어린이나 청소년이 볼 수 없다고 말하고 싶진 않아요. 그것보다는 지금까지 우리가 점검해 온 안전한 관계 맺기, 미디어를 향한 비판적인 시선을 떠올리며 여러분이 직접 문제점을 찾고 내가 받게 될 영향을 떠올려보면 좋겠어요.

대부분의 야동에서는 신체 사이즈를 왜곡합니다. 인간 관계가 만들어지고 상대방과 오고 가는 의사소통이나 대화에 초점을 두는 것이 아니라 단순히 가슴, 성기, 엉덩이와 같은 신체 일부를 크게 강조해서 그려내죠.

어떤 야동에서도 상대방에게 예의를 갖추고, 존중과 배려의 마음을 담아 동의를 구하는 장면은 찾아보기 어렵습니다. 성역할 고정관념도 매우 심해서 남자는 늘 주도적으로 스킨십이나 관계를 이끌어가고, 여자는 폭력적이거나 강압적인 관계에도 수동적으로 따라가며 결국에는 좋아하는 역할로 그려지는 경우가 많습니다. 실제 상황이라면 분명히 폭력이지만 당연한 것처럼 스킨십이나 성행위를 그려내죠.

스킨십에는 손을 잡거나 뽀뽀, 키스, 포옹, 머리 쓰다듬기, 무릎베개 등 정말 많고 다양한 것들이 있고 그중에 하나는 섹스(Sex, 성관계)라고 부르는 스킨십도 있어요. 섹스를 성행위나 성행동이라는 말 대신 성관계라고 부르는 데엔 이유가 있어요. 성적으로 맺어진 관계라는 뜻이에요. 즉, 성관계도 다른 스킨십과 마찬가지로 상대방을 존중하고 배려하는 마음에서 출발해야 성립할 수 있어요. 야동에서 표현하는 섹스는 성관계라고 부르기 어려워요. 이건 정말 사람들을 자극하기 위한 성적인 행위일 뿐이죠.

모든 미디어가 그렇듯 야동 역시 '진짜'가 아니에요. 미디어는 연출이죠. 영화에서 사람이 죽었다고 해서 실제 사람이 죽는 것이 아닌 것처럼, 리얼리티 예능이라고 하더라도 무수히 많은 카메라와 스태프 앞에서 촬영이 진행되는 것처럼 말이에요. 야동 역시 여러 대의 카메라, 감독과 배우가 존재하고 시나리오에 의해 연출되는 장면이죠. 현실이 반영되지 않는 야동을 통해 '성관계는 이렇게 하는 거구나.', '섹스는 이런 거야.'라고 쉽게 생각하며 그 내용을 무의식적으로 흡수할 수 있어요. 어느 날 현실에서 맺게 되는 인간관계나 성관계 시에도 친밀함이나 동의, 존중과 같은 가치를 중요하게 생각하기보다는 야동, 포르노에서 마주한 폭력적이고 공격적인 행위만을 떠올리기 쉬워져요.

야동, 포르노는 왜 만들었을까요? 우리에게 진정한 성관계를 알려주기 위해서일까요? 아니에요. 대부분의 미디어가 그러하듯 돈을 벌기 위해서 만들어집니다. 야동사이트에는 무수히 많은 불법광고들이 따라붙어요. 결국 야동을 통해 돈을 버는 사람은 배우나 감독이 아닌 사이트 운영

자입니다.

　야동사이트에는 연출을 통해 만들어진 야동, 포르노만 올라오는 것이 아니라 불법촬영물을 국산야동, 한국야동과 같이 야동, 포르노인 것처럼 다른 이름으로 바꾼 것들이 올라오기도 해요. 불법촬영물은 누군가의 성관계 장면, 옷 갈아입는 장면, 몸의 모습 등을 상대방의 동의 없이 촬영하거나 유포한 것을 의미합니다. 성착취물이라고 해서 성적인 행동이나 행위를 강제로 하게 하여 촬영한 것도 포함합니다. 이는 분명한 성폭력 가해이며 우리의 즐거운 성문화를 위협하고 위험하게 만들 수밖에 없습니다.

　불법촬영물은 어떻게 하면 없어질까요? 불법촬영물은 우리 모두가 절대 보지 않아야 합니다. 아무도 보지 않아야 만들고 올리는 사람들이 없어질 거예요. 불법촬영물이 존재하는 한 우리의 성문화는 즐겁기 어렵습니다. 불법촬영물을 보는 것만으로도 누군가가 저지르는 성폭력에 가담하는 행위임을 인지하고 찾거나 마주하지 않았으면 합니다. 우리는 충분히 즐거운 성문화를 만드는 사람이 될 수 있고, 성폭력 사건에서 피해자의 편에 설 수 있는 지지자이자 도움이 되는 목격자의 역할을 해낼 수 있는 사람들이니까요.

　성적으로 느끼는 감정이나 쾌락은 결코 잘못된 것이 아닙니다. 그렇다고 해서 다른 사람에게 피해를 주면서까지, 누군가를 아프게 하면서까지 반드시 해소해야 하는 것도 아니죠. 결국 성은 우리 모두의 즐거움을 추구하는 것이어야 하지 않을까요? 즐거움은 안전하고 평등해야 느낄 수 있는 것입니다.

모두에게 좋은 화장실을 상상해 본 적이 있나요?

길을 걷다가 갑자기 배가 아파 화장실에 가고 싶었던 경험이 있나요? 곧 똥이 나올 것만 같은데 화장실이 보이지 않아 식은땀은 줄줄 나고 한 발짝 걸음을 내딛는 게 힘들었던 순간을 경험해 본 사람들이 꽤 많아요.

무엇인가를 바라고 누리고자 하는 마음을 '욕구'라고 부릅니다. 가장 중요한 인간의 욕구를 식욕(음식을 먹고 싶어 하는 욕구), 수면욕(잠을 자고 싶어 하는 욕구), 그리고 성욕(성적 행동을 하고 싶어 하는 욕구)이라고 말하는 경우가 있습니다. 하지만 성욕보다 우선 배설욕(똥오줌을 배설하고 싶어 하는 욕구)이 더 중요합니다. 성욕이 중요하지 않다는 것은 아니지만 다른 욕구와는 다르게 참아도 죽지 않는다는 차이가 있어요.

배설은 누구에게나 일어나는 일이지만 배설을 하기 위해서 만들어진 화장실이 모두를 위하지는 않고 있습니다. 급하게 화장실을 이용해야 할 때, 성별을 남자, 여자로만 구별하기 어려운 사람은 어떤 화장실을 이용할 수 있을까요? 남자 양육자가 여자어린이를 돌보는 경우엔 어떤 화장실을 이용할 수 있을까요? 여자 보호자가 남자 가족을 돌보는 경우처럼 성별이 다른 가족을 돌보는 경우, 혼자서는 거동이 어려워 누군가와 화장실에 동행하는 경우도 곤란할 수 있어요. 어린이, 청소년 중에 칸막이도 없이 죽 늘어진 소변기에서 옆 사람과 가까운 상태로 서서 볼일을 보는 게 불편하다고 말했던 사람도 있었어요.

모두를 위한 화장실이 있습니다. 화장실 한 칸 안에 변기와 세면대가 함께 있고 성별에 관계없이 누구나 갈 수 있는 화장실이죠.

이런 화장실을 만들자고 하면 누군가는 '불편할 것 같아요.', '자리를 너무 많이 차지하는 것 아닌가요?', '굳이 바꿀 필요가 있나요?', '저한테는 딱히 필요하지 않아요.'라는 말을 합니다. 그런데 조금만 생각을 바꾸면 이건 단순히 어떤 성별에게만 좋은 게 아니라 모두에게 좋은 화장실이 될 수 있어요. 화장실 앞에서 망설이던 사람도, 볼일을 보는 동안 경계를 침해당하고 싶지 않았던 사람도 이런 화장실이라면 좀 더 마음 편하게 이용할 수 있어요.

사회적으로 소외당하는 누군가의 문제는 곧 나의 문제가 되기도 해요. 이 말은 그 누군가의 문제를 해결하면 나에게도 좋아진다는 말이기도 하죠. 한꺼번에 다 바꾸자는 말이 아니에요. 깨끗하고 안전하며 마음 편하게 누구나 이용할 수 있는 화장실 한 칸부터 상상해 보는 거예요. 우리에겐 좀 더 나은 세상을 상상하는 연습, 질문을 던지며 사회·문화를 천천히 조금씩 바꿔 보는 과정이 필요해요.

욕과 혐오표현이 없는 사회는 어떨까요?

게임, 메신저, 교실과 같은 일상에서 자주 사용하는 욕과 혐오표현들이 있습니다. 이 말들을 꼭 누군가의 기분을 상하게 만들기 위해서 사용하는 것만은 아닙니다. 친한 사이에도 감탄이나 강조의 표현으로 내 감정을 잘 드러내려고 쓰기도 하며, 상대방의 주의를 끌 때 사용하기도 합니다.

얼핏 듣기에는 명백한 차별로 느껴지지 않을 수 있지만 어원을 살펴보면 성과 성기를 비하하는 표현이거나 사회의 약자와 소수자를 차별하는 뜻을 담은 표현이 대부분입니다. 성과 성기의 비하는 성적인 이야기를 부끄럽고 은밀하게 만듭니다. 약자와 소수자를 향한 차별은 경우에 따라 나와 내 주변 사람들을 향하기도 합니다. 누군가를 비웃거나 모욕하는 행위를 서로 존중하는 태도로 보긴 어렵죠.

성기를 성기라고 제대로 부르며 성적인 대화를 나눌 수 있다면 어떤가요? 사회적 약자와 소수자를 놀리고 비웃지 않고도 유머러스한 대화를 나눌 수 있다면요? 그야말로 존중하는 관계에서 나눌 수 있는 근사한 소통이 아닐까요?

겨드랑이나 팔, 다리에 털이 잔뜩 난 아이돌이 멋진
춤을 춘다면 어떨까요?

아이돌의 이미지, 특히 외모를 보고 따라 하고 싶어 하는 사람들을 자주 보게 됩니다. 유행하는 옷차림, 화장법, 체형까지 하나하나 분석한 제품을 광고하고 판매하죠. 만약 지금까지와는 완전히 다른 아이돌 문화가 된다면 어떨까요? 그때에도 털은 없애야만 하는 존재가 될까요? 어린이, 청소년 중에 노래하는 것, 춤추는 것을 좋아하는 사람이 있다면 지금보다 좀 더 외모로부터 자유로운 마음으로 아이돌을 꿈꿀 수 있지 않을까요?

어린이, 청소년이 적극적으로 참여할 수 있는 성교육 환경이 된다면 어떨까요?

'어릴 땐 잘 몰라도 돼.', '크면 다 알게 될 거야.'라며 잘 알려주지 않는 성교육, 성적인 행동은 일단 안 된다며 무조건 하지 말라고만 하는 성교육… 성교육이 중요하고 필요하다고 말하지만 죄책감이나 수치심을 먼저 학습하게 만드는 환경은 여전합니다.

성을 주제로 열린 대화를 나눌 수 있는 환경, 어린이와 청소년이 궁금했던 점을 마음껏 표현하고 질문할 수 있는 성교육 시간을 상상해 봅니다. 다양성을 인정하는 포용적인 태도를 학습하고, 서로의 권리를 존중하며, 성적으로 안전하고 편안한 마음을 느낄 수 있다면 누구도 힘들거나 우울하거나 화가 나지 않을 것 같아요.

우리는 계속해서

즐거운 성문화를 상상하며

질문을 던져야 합니다.

우리가 마주하는 성문화 안에 어떤 문제점들이 있는지를 알고, 어떻게 바꾸면 좋을지를 고민하며 편견을 뛰어넘는 질문을 던져야 합니다. 더 다양하고 평등한 성 이야기들을 나눌 수 있는 사회가 기대되지 않나요?

모든 인간은 평등하다고 하죠. 모두에게 인권이 있다고도 합니다. 그런데 우리가 정말 모든 인간, 모두의 존엄함을 존중하고 있나요? 우리는 일부 사람에게만 좋은 삶이 아니라 모두에게 안전하고 평화로운 삶을 향해 가야 합니다.

성(性, Sexuality)을 부담스럽고 어려운 주제라고 생각하는 사람들, 이미 다 아는 이야기라고 생각하는 사람들도 많아요. 이제는 성이 "뭐 어때? 괜찮아! 그럴 수도 있지."라는 말을 먼저 할 수 있는, 생각보다 쉬운 일상의 주제였으면 해요. 그러면서도 미디어나 주변 환경, 사회·문화를 통해 성적 가치관에 영향을 받을 때에는 "이런 건 괜찮지 않은데? 이게 즐거운 성문화에 도움이 될까?" 하며 다른 관점으로 바라볼 수 있길 바랍니다.

성에 어떠한 정의를 내리기보단 다양한 빛깔의 질문을 던지는 연습을 했으면 합니다.

제가 쓴 짧은 글로 인해

성문화가 곧바로 달라지진 않겠지요.

그래서 여러분과 함께하고 싶어요.

여러분이 상상하는

즐거운 성문화는 어떤 모습인가요?

그 모습을 위해 어떤 질문을 던져야 할까요?

더 나은 성문화, 그리고 성교육을 위한

여러분의 소중한 질문과 상상을

공유해 주세요.

감사의 마음을 가득 담아, **잉코**

지은이   잉코, 성교육상상
                teamsangsang@gmail.com
                blog.naver.com/teamsangsang

펴낸곳   그라퍼
                출판등록 번호 제 2021-000081호

삽화   조한샘

교정·교열   김화영

책정보   1판 1쇄 2024년 7월 10일
                ISBN 979-11-976520-6-6 (43370)

성교육상상

어린이·청소년이 재미있는 성교육 경험을 통해
즐거운 성문화를 만드는 세상을 향합니다.
어린이·청소년이 자유롭게 질문하고 상상을 공유하도록
유쾌한 성교육 현장을 제공합니다.

그라퍼

그라퍼는 우리 주변의 일상적인 것을 기록하며,
더욱 빛나는 기록으로 남기고자 합니다.